프로와 아마의 차이

글

최봉수

서울대학교 국어국문학과를 졸업했다. 김영사 편집장, 중앙M&B 전략기획실장, 랜덤하우스중앙 COO를 거쳐 웅진씽크빅, 메가스터디 대표이사, 프린스턴리뷰 아시아 총괄대표를 지낸 후 현재는 기업, 단체의 자문과 집필을 하고 있다. 지은 책으로 《출판기획의 테크닉》(살림, 1997), 《인사이트》(나무나무, 2013), 《오십, 고전에서 역사를 읽다》(가디언, 2022)가 있다.

프로와 아마의 차이

천년왕국 서로마 제국이
'시시껄렁하게' 사라지는 순간

최봉수 지음

가디언

"질문하는 인문학"
기획 의도

출판업은 제조업으로 분류됩니다.

무형의 지식과 정보를 활자로 변형하여

종이에 새겨 책이라는 상품을 찍어내는 비즈니스입니다.

TV라는 영상 매체가 등장하면서

활자 출판업은 올드 미디어로 분류되었습니다.

PC와 모바일폰이 진화하면서

종이책은 불편해졌고,

환경 파괴의 종범 정도까지 취급되고 있습니다.

그러면 출판업은 사라져야 할까요?

그래서

출판업을 다시 정의해 봅니다.

출판업의 핵심 역량은

활자와 종이가 아닙니다.

에디팅editing, 편집입니다.

지식과 정보를 가공하고 배열하여

새로운 가치를 만들어내는 비지니스라고,

출판일을 처음 할 때

책은 지식과 정보를 제공해야 한다고 배웠습니다.

그런데 시간이 지나 인터넷 시대가 되면서

사람들은 더 이상 책에서 정보를 구하지 않습니다.

그리고 챗GPT가 등장하면서

앞으로 지식도 책에서 얻으려 하지 않을 것입니다.

그러면 책은 사라져야 할까요?

그래서

책의 가치를 다시 생각해봅니다.

정보를 모으고, 지식을 나열하는 일은

0과 1만 아는 괴물에게 넘기고

그 대신

그 괴물이 토해내는

어마어마한 팩트 더미에서

하나의 질문을 찾아야 한다고

지식과 정보에서 지혜를 구해야 한다고.

머리말

결국,

사람이다.

'질문하는 인문학'은 사람 이야기다.

그 사람의 일생이 아니라

역사에 등장했던 순간

그의 선택에 관한 이야기다.

역사는 배경이 되고,

근거가 되고,

결과를 보여줄 뿐이다.

우리의 관심은

기록에 남아 있지 않은

그 사람의 내면의 목소리에 귀 기울이는 것이다.

그는 왜 그런 선택을 했을까?

그의 선택을 이해하기 위해

역사를 가져오고

상황을 분석하고

그래서

그러한 선택을 한 그의 그릇을 잰다.

어느 시대나

사람은 똑같다.

영원을 살 것처럼 일생을 앙탈 부리는가 하면

일생을 찰나처럼 여겨 영원을 구하기도 한다.

그 사람들에게서

지금 내 주변 사람을 이해하고 싶다.

당위를 내세울 의도는 애초에 없다.

짠하면 짠한 대로

찡하면 찡한 대로

사람 냄새를 맡고 싶을 뿐이다.

굳이 덧붙인다면

왜 그랬냐고?

Q

어떻게 변방의 일개 용병대장인 오도아케르가 천 년 이상 서양 고대사를 독점해온 로마제국, 서로마 제국을 멸망시 킬 수 있었을까요?

거기에는 카이사르가 마침내 루비콘강을 건너고, 옥타비아 누스가 서른다섯 나이에 원로원의 만장일치로 아우구스투 스, 최고 존엄에 오르며 세운 제국의 영광이 아직 남아 있 는데. 그 제국을 위해 땀과 피를 기꺼이 바친 로마의 영웅 과 시민들의 영혼이 여전히 숨 쉬고 있는데.

우리의 어렴풋한 공부 기억에는 '용병대장 오도아케르가 서로마 제국을 멸망시켰다'는 단문 정보뿐입니다. 오도아 케르가 누구인지? 그래서 로마는 어떻게 망했는지? 그 과 정에 어떤 사건들이 있었고, 어떤 인물들이 등장했는지? 우리는 잘 알지 못합니다.

『로마인 이야기』를 쓴 시오노 나나미도 "로마제국은 아무도 알아차리지 못하는 사이에 사라져 버렸다"고 허탈해했습니다.

지금부터 로마제국이 역사의 뒤안길로 접어드는 그 씁쓸한 뒷모습을 추적해볼까 합니다. 어쩌면 로마제국의 화려했던 천년의 역사보다 시오노 나나미가 표현한 대로 '시시껄렁한' 그 순간에 더 많은 인사이트가 그 빛을 숨기고 있을지 모릅니다.

그런 기대를 안고 한 발 쓱 안으로 들어가 봅시다.

훈족의 영웅 아틸라

로마제국의 위기는 변방에서 봄바람처럼 불어왔다. '변방 이론', 세상의 모든 변화는 항상 중심이 아니라 변방에서 시작된다. 그리고 '나비 효과', 브라질에서의 나비 날갯짓이 텍사스에서 토네이도를 일으킨다. 제국 위기의 출발이 기원전 2세기 말 세상의 저 반대편인 중국 한漢 무제의 흉노 정벌에서 시작되었다는 주장이 있다. 이에 대한 역사학계의 논쟁은 문제가 제기된 이후 200년이 지나도록 결론이 나지 않았다.

흉노족과 훈족이 같은 계통의 민족이라는 "동족론同族論이 절대적 논거를 확보한 것은 아니고, 비동족론非同族論이 전혀 재고의 가치가 없다고 하기도 어렵다."는 정수일 교수의 고충도 이를 대변한다.

그 흉노족이 무제의 정벌을 피해 서쪽으로 이동 또 이동하여 유라시아 대초원에서 유목 생활을 이어가다 4세기에 들어서면서 헝가리를 통해 유럽 대륙으로 들어온다.

유럽 사람들은 그 흉노족을 자기식대로 훈족이라 불렀다.

훈족의 대이동은 4세기 유럽의 지도를 어지럽힌다. 북쪽에서 남하하던 '야만스러운' 게르만족은 '문명스러운' 로마와 국경에서 잦은 충돌을 하면서 순화되고 또 일부 편입되고 있었다. 그런데 '더 야만스러운' 훈족이 동에서 서로 게르만족을 압박하며 들어온 것이다. 겨우 로마국경에 자리를 펴던 게르만족은 뒤에서, 옆에서 치고 들어오는 훈족에게 떠밀려 다시 대이동을 시작한다.

그렇게 유럽 대륙판이 흔들리기 시작한다.

이런 역사적 전환기에 훈족은 마침내 영웅을 맞게 되는데, 그가 바로 아틸라Attila다. 아틸라는 친형 블레다를 암살하고 훈족 11대 왕에 오른다. 그는 이전 훈족 왕과 달랐다. 오늘날 헝가리 일대에 흩어져 살면서 수시로 고트족을 압박하고 동로마를 위협하여 황금을 뜯어내는 데 만족하지 않

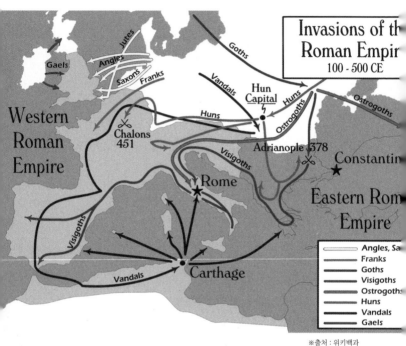

게르만족과 훈족의 이동

왔다. 동로마의 수도 콘스탄티노플과 로마로 직접 쳐들어 가 유럽 전역을 전란의 소용돌이로 몰아갔으며, 정복지마다 파괴와 약탈로 생지옥을 만들었다.

지금까지 보아왔던 게르만족과도 그 차원이 달랐다.

아틸라, 그가 훈족 왕으로 서유럽 정복 활동을 한 시간은 사실 8년에 불과하다. 그러나 당시는 물론 지금까지 서양인들의 뇌리에 '훈족의 아틸라'는 잔인한 파괴자의 이미지로 각인되어 있다. 서양의 역사와 문학에 그렇게 그려져 있기도 하지만, 그만큼 당시 서양인들의 충격과 공포가 대단했다는 것이다. 그래서 그들의 유전자에 새겨져 대를 이어 전해졌는지 모른다.

아틸라

로마는 아틸라를 몰랐다

동로마 황제 테오도시우스 2세는 일곱 살에 황제에 즉위한다. 어린 아들이 불안했던 아버지 아르카디우스는 임종을 앞두고 수 세기에 걸쳐 전쟁을 벌여왔던 앙숙 페르시아의 황제에게 아들의 후견인을 부탁한다. 파격적 제안이다. 어쩌면 제 발등을 찍는 도끼는 항상 믿는 자의 도끼였기에 아버지의 선택은 그 상식의 빈틈을 노린 현명한 선택인지 모른다. 전쟁을 치르며 서로의 내공을 확인한 까닭이었는지 페르시아 황제도 기쁘게 이를 수용하고, 그의 재임 동안 동로마 침공을 중단한다.

맞다. 뒤통수를 치는 자는 항상 경쟁자보다 측근이었다. 경쟁자는 자신의 자존감 때문에 상대방에게 예의를 갖춘다. 그렇지 못한 지질한 경쟁자도 물론 있다. 경쟁자 운도 다 자기 복이다. 아르카디우스는 그 숨은 이치를 터득한 자였다. 그래서 어린 테오도시우스 2세는 집권 초기에 의외의 평화를 누린다.

그러나 집권 말기가 되어 환관 크리사피우스가 실권을 장악하면서 상황은 바뀐다. 페르시아 황제와 맺었던 부왕들의 커넥션도 깨지며 동쪽 국경이 더 이상 안전한 전선이라 장담할 수 없게 된다. 그 와중에 반달왕국의 공격을 받는 작은 집 서로마를 지원한답시고 덜컥 대부대를 파견했다가 참패를 당한다. 이 공백을 노려 아틸라의 형 블레다가 이끄는 훈족이 치고 들어와 더 많은 공납금을 요구한다.

기가 찰 노릇이다. 종갓집 제사 없는 달이 없다고. 더욱이 속 빈 제국이라 넓은 국경이 야속하다. 동서남북 이놈 저놈 다 집적댄다. 그래도 아직은 종갓집이라 서로마까지 챙기려니 사지가 찢어진다. 하필 그런 처지에 종갓집 종손인 황제는 어릴 때부터 섭정에 익숙한 터라 공사公私가 다 어리바리하고, 실권자 크리사피우스조차 궁중 암투에 밝아 권력을 쥐었을 뿐, 급변하는 국제 정세에 종가의 어른으로 행세할 지략을 담기에 그 머릿수가 너무 잘았다.

훈족의 압박에 마지못해 엄청난 공납금 요구를 덜컥 받아들였는데 돌아와서 생각해보니 감당이 안 된다. 당장 공납금을 각출해야 할 원로원도 반발하며 들고 일어난다. 잔머리 크리사피우스는 훈족과 약속을 일방적으로 깨버린다. 어떻게 그런 무모한 결정을 내렸을까 싶지만, 그 나름 자기 장기인 잔머리를 열심히 굴리고 계산기도 두들겨 보았을 것이다.

'아직은 페르시아가 잠잠하다. 거기다 마침 훈족도 내란이 일어났다. 아틸라가 형 블레다를 암살하고 왕위에 올랐다. 먼저 내부 단속하기도 바쁠 것이다. 그래서 당장에 변고는 일어나지 않을 터. 또 전처럼 국경을 집적거린다고 해도 도나우강 아래 국경지대는 게르만족 용병들이 버티고 있다. 만에 하나 수도로 침공해온다고 해도 우리 수도 콘스탄티노플에는 절대 무너지지 않는 콘스탄티노플 성벽이 버티고 있지 않은가?'

사람들은 선택의 순간에 항상 해오던 방식대로, 자신에게 익숙한 패턴으로 사고하여 결론을 얻는다. 새로운 도전에

맞부딪쳤을 때도 마찬가지다. 우리의 뇌는 기본적으로 보수적이다. 심지어 자신의 판단이 현실에서 엇박자를 낼 때도 곧, 다시 익숙한 패턴으로 돌아올 것이라고 현실을 왜곡하여 해석한다. 뇌는 멘붕이 오기 전까지 보수적으로 작동한다. 크리사피우스의 뇌도 다르지 않았다.

그러나 447년 아틸라는 달랐다. 잔머리 크리사피우스는 아틸라를 몰랐다. 그는 주저 없이 대군을 이끌고 헝가리를 떠나 도나우강을 건너 오늘날 세르비아, 불가리아를 거쳐 동로마 수도 콘스탄티노플로 바로 향했다. 쿠데타 이후 내부 단속은 어떻게 하고? 아틸라는 내부 단속을 외부 전쟁으로 돌렸다. 그래서 훈족 특유의 기동전이 아니었다. 천천히 그의 진군로에 걸려드는 동로마의 주요 도시들을 하나하나 차례대로 짓밟고 약탈하면서 밀고 들어갔다. 바로 그 전리품으로 내부를 결속시켰다.

정복하는 도시마다 생지옥을 만들었다. 그 소문은 아틸라의 진군보다 빨랐고, 그 진군로 앞에 놓인 도시들은 서둘러 도시를 비우고 피난 가는 바람에 진군로도 뻥 뚫렸다. 엄청난 공포와 악몽이 태풍처럼 콘스탄티노플을 강타했다. 그 때문이었을까? 콘스탄티노플에 대지진이 일어났고, 그렇게 믿었던 성벽마저 일부 무너졌다.

이렇듯 동로마의 저항은 태풍 앞에 버티고 선 사마귀에 불과했다. 콘스탄티노플 시민들은 완전 멘붕에 빠졌다. 그나마 다행인 것은 기대했던 게르만족 수비대의 저항이 아틸라의 진군을 잠깐이나마 늦추어 그사이 서둘러 성벽을 보수할 시간을 벌었다는 점이다. 그러나 어느새 아틸라는 콘스탄티노플 코앞까지 다가와 떡하니 진을 쳤다.

훈족은 섣불리 공성전을 벌이지 않았다. 콘스탄티노플 성벽을 앞에 둔 채 인근 동로마 도시들을 다시 싹쓸이해 나간다. 마치 마실 다니듯 약탈하면서.

성벽 안에 갇힌 동로마 황제와 크리사피우스 그리고 원로원은 기가 찬다. 마치 이 꼬락서니가 병자호란 당시 남한산성에 갇힌 채 비는 오지 않고 먹구름만 잔뜩 낀 하늘을 원망하며 성 밖의 적 진영에서 피어오르는 저녁밥 짓는 하얀

콘스탄티노플 성벽

연기에 한숨만 쉬는 인조와 그 신하들을 보는 듯하다.

다행인지 훈족 진영에 전염병이 도는 바람에 인조처럼 세 번 절하고 아홉 번 머리를 조아리는 '삼배구고두례三拜九叩頭禮' 없이 동로마 황제 테오도시우스 2세가 치욕적인 조약을 맺는 것으로 겨우 전쟁을 마무리한다.

이 전쟁은 5세기 유럽 대륙에 커다란 파장을 일으킨다. 로마제국의 수도가 이민족에 짓밟힐 수 있다는 가능성을 열었고, 이민족들에게는 제국의 국경을 집적대며 황금만 뜯을 것이 아니라 아예 제국을 접수할 수도 있겠다는 무시무시한 설렘을 안겼다. 그래서 로마 시민들은 천년 제국이 무너질 수도 있겠다는 가능성을 두렵지만, 현실로 받아들이게 되었다.

그러나 테오도시우스 2세는 이런 인식의 전환을 받아들일 만큼 영민하지 못했다. 전쟁이 끝난 것으로 족했다. 망조에 접어든 혼군昏君은 당장 발등 앞에 떨어진 불똥만 볼뿐, 시대의 변화를 보려고 하지 않았다. 더 큰 문제는 실권자 크리사피우스다.

그 역시 데오도시우스 2세와 인식의 방식에서 크게 다르지 않았다. 다만 돌파구를 찾으려 했다는 차이만 있을 뿐이었다.

그러나 그 해법 역시 잔머리를 굴려 꼼수에서 찾았다. 지금의 상황을 시대적 흐름으로 보지 못했기 때문이다. 지금의 상황은 단지 '그놈의 아틸라 때문이다, 그놈만 없으면 된다'고 크리사피우스는 잔머리를 굴렸다. 그러나 당시의 흐름은 설령 아틸라가 사라져도 제2, 제3의 아틸라가 콘스탄티노플로 쳐들어올 것이라는 거였다.

격변기에는 항상 이렇게 두 종류의 인간상이 동시에 등장한다. 아틸라는 왜 형 블레다와 달리, 아니 이전 훈족이나 게르만족 리더들과 달리 국경을 집적대는 데 만족하지 않고 제국의 수도로 말발굽을 돌렸을까? 역사의식 때문이었을까? 시대를 바꾸려는 사명감이었을까?
아틸라가 시대의 흐름을 읽어내고 그러한 노전을 감행했다고 상상하는 것은 억지다. 그는 단지 이전 리더들보다 한 발 더 내디뎠을 뿐이다. 그런데 그사이에 시대를 나누는 선이 그어져 있었을 뿐이었다.

백척간두 진일보百尺竿頭 進一步, 백 척이나 되는 긴 장대 위에 서서 허공을 향해 한 발을 더 내딛기는 쉽지 않다. 백 척 아래로 떨어질 것이라는 상相 때문이다. 그런데 누군가는 그 허공을 향해 한 발 내디딘다. 그 순간 새로운 세상이 열리는 것이다. 시공간이 바뀌고, 새로운 시대가 열리고 새로운 지도가 펼쳐지는 것이다. 한 발 더 내딛지 않으면 끝내 모를 차원이다.

프로와 아마의 차이

크리사피우스는 로마 궁정 암투에서나 하던 짓을 그대로 똑같이 도모한다. 아틸라의 친구이자, 아틸라의 경호실장인 스키리족 왕 에디카를 매수한다.

언제까지 아틸라와 함께 헝가리 허허벌판 막사에서 그 거친 삶을 살려고 하는가? 굳이 친구인 아틸라의 목을 직접 따오라는 것도 아니다. 그를 암살할 수 있도록 상황만 만들어달라고 황금 50파운드를 내건다.

흔들리는 에디카. 춥고 험한 떠돌이 삶을 이어가다 당시 세계 최대도시인 콘스탄티노플의 화려한 생활을 한번 경험해본다면 그것은 엄청난 유혹이었을 것이다.

얼마 후 동로마 사절단이 아틸라 진영을 방문한다. 거기에 통역관 비길라스도 있다. 그가 암살자다. 아무도 모른다. 비길라스와 에디카만 안다. 철저한 보안, 이런 모의는 크리사피우스의 장기다. 사절단이 오면 아틸라가 직접 연회를 열어 사절단들을 한 명 한 명 접견하는 것이 관례다. 바로 그때 비길라스가 옆에서 통역을 하다 아틸라의 옆구리에 칼을 쑤셔넣기로. 에디카도 알고 있다. 긴장된 순간, 아무것도 모르는 동로마 사절단과 아틸라 참모들이 연회에 다 참석했다.

그런데 정작 연회가 시작되었는데 아틸라가 나타나지 않는다. 불안하다. 술잔이 도는데도 호스트는 나타나지 않는다. 음모가 새어나간 것은 아닐까? 비길라스는 연신 불안하다. 에디카도 마찬가지다. 그러나 비길라스는 그 불안감을 감추려고 못하는 술잔을 연거푸 들이켠다. 결국 취한다. "우리 동로마 황제는 신성한 존재야. 그런데 훈족 왕 아틸라는 한낱 인간에 불과하다고." 술주정을 부린다. 아마추어다. 그는 지금 적장 아틸라를 암살하러 온, 말하자면 자객이다. 그런 자가 술에 취하다니. 거기다 적진 한복판에서 적장을 험담하는 망발을 털어놓다니. 꼬인다. 지금 더 불안한 자는 에디카다. 아틸라는 그 연회에 끝내 나타나지 않았다.

다음날 아틸라는 동로마 사절단을 양국 국경 근처 니시로 초청한다. 니시는 오늘날 세르비아의 남서부에 있는 도시로, 콘스탄티노플인 이스탄불에서 부다페스트로 이어지는 국도에 위치한다. 당시에도 헝가리의 훈족 본거지에서 동로마 수도인 콘스탄티노플로 진군하는 중간 지점에 위치한 훈족 점령지 국경도시다.

또 니시는 동로마 제국을 열고, 콘스탄티노플에 새 수도를 세운 콘스탄티누스 대제의 출생지다. 그래서 동로마에서는 성지聖地였고, 콘스탄티노플에 버금가는 화려했던 도시였다. 그러나 훈족에 의해 초토화되어 지금은 폐허로 바뀌었다. 도시에는 병든 늙은이들만 정신을 잃은 채 거리를 방황하고 곳곳에 해골마저 뒹구는 생지옥이었다. 거기로 사절단을 불렀다.

니시에 도착한 동로마 사절단의 감회는 을씨년스러운, 니시만큼이나 황량했을 것이다. 그보다 아틸라가 그들을 왜 이곳으로 데려왔는지 불길한 마음이 디 컸을지 모른다. 아틸라는 그들을 자신의 임시 막사로 불렀다.

거기서 아틸라는 사절단 접견 의례도 생략한 채 간밤에 있었던 통역사 비길라스의 망언을 거론하며 불같이 화를 내고 큰소리로 사절단을 질책했다. 마치 당장이라도 사절단 모두의 목을 내리칠 기세로. 그들은 생지옥이 된 니시에서 그들 또한 주검으로 버려질지 모른다는 공포에 휩싸였다. 그 순간 아틸라는 역정을 끝내더니 자리를 박차고 나가 버린다. 다들 이대로 무장한 훈족 병사들이 들이닥칠지 모른다는 불안에 떨고 있을 때 최고의 음식과 술과 여자들이 들어온다. 뭐지, 이 시츄에이션?

다음날 아틸라는 동로마 사절단을 이끌고 헝가리에 있는 자신의 궁전으로 이동한다. 사절단은 지난 이틀이 2년처럼 느껴진다. 그리고 그의 궁전에서는 또 무슨 일이 벌어질지 불안하다. 아틸라가 왜 저러지? 무슨 다른 생각이 있는 걸까? 아니면 우리가 알지 못하는 어떤 일이 일어나고 있는 걸까? 사절단은 궁금하다. 그러나 에디카는 궁금한 것이 아니라 불안하다. 아틸라가 크리사피우스의 음모를 알고 있는 것은 아닐까? 내가 그들의 음모에 매수된 것까지 알고 있는 것은 아닐까? 그렇다면 나는 어떻게 될까?

헝가리 궁전에 도착한 날 밤 아틸라는 또 성대한 연회를 베풀었다. 마치 아무 일도 없었다는 듯이. 아틸라는 검소했지만, 훈족의 연회는 동로마 못지않게 화려했다. 기록에 의하면 아틸라는 왕이 된 이후에도 목기 그릇만 사용했으나, 연회에 나오는 모든 술잔과 접시는 다 황금이었다고 한다.

헝가리로 돌아오는 길목에서 눈도 붙이지 못하고 고민을 거듭하던 에디카는 훈족 궁전 연회장에 들어와 황금 술잔을 보는 순간 가슴 한 켠에 무언가 울컥 올라왔다. 자신이 훈족이 아니라 스키리족 출신임에도 불구하고 자신을 믿고 비서실장에까지 앉힌 아틸라의 마음이 그 황금 술잔에서 느껴진 것이다. 사실 아틸라는 이민족이라 해도 뛰어난 인물이라면 자신의 동족처럼 품고 극진하게 대우했다고 한다. 결국 그는 아틸라를 찾아가 모든 사실을 털어놓는다. 크리사피우스의 음모를. 동로마 황제가 자신을 황금 50파운드로 매수해 통역관 비길라스를 시켜 주군을 암살하려 한다고. 무릎을 꿇고 참회의 눈물까지 흘린다.

연회가 시작되고, 아틸라는 뒤늦게 연회장에 들어와 무장한 장수들과 함께 천천히 중앙무대로 나간다. 긴장이 풀리며 조금 전까지 시끌벅적하게 큰 웃음소리도 터지며 생기가 돌던 연회장은 아틸라의 출현과 함께 다시 정전. 거기다 연회장에 무장한 장수들과 함께 나타나니 뭔 일이 일어날 것 같아 또다시 불안해진다.

무대 중앙에 선 아틸라는 조용한 목소리로 비길라스를 불러낸다. 그리고 속삭이듯 음모를 추궁한다. 비길라스는 사시나무처럼 떨면서도 말끝을 얼버무린다. 그러자 옆에 선 무장이 사절단을 따라 함께 온 비길라스의 어린 아들을 끌어내 그의 목에 칼을 들이댄다. 사실대로 말하지 않으면 함께 온 이 어린 아들을 이 자리에서 죽여버리겠다는 뜻이다. 결국 비길라스는 크리사피우스가 시켰다고 음모를 털어놓으며 제발 아들만은 살려달라고 읍소한다.

아틸라는 아무 말 없이 다 알고 있었으나 단지 확인 과정이었을 뿐이라는 듯 고개를 천천히 끄덕인다. 그리고 다음 날 비길라스의 목에 에디카에게 주기로 한 황금 50파운드에 50파운드를 더해 황금 100파운드를 매달아 사절단과 함께 동로마로 돌려보낸다. 에디카에게도 이 일과 관련하여 더 이상 추궁하지 않았고, 전과 다름없이 자신의 비서실장으로 곁에 두었다.

그리고 동로마에 대해 테오도시우스 2세에게 진상 추궁이나 크리사피우스에 대한 문책 요구 같은 그 어떤 행동도 취하지 않았다. 그 이후 양국 간에는 냉기가 흐르면서도 애매모호한 연기만 피어오를 뿐 눈에 띄는 그 어떤 일도 일어나지 않았다.

그리고 그다음 해 테오도시우스 2세는 사냥에 나갔다가 낙마 사고로 급사한다. 이어 황제에 오른 마르키아누스는 집권하자마자 아틸라 암살을 기획한 크리사피우스를 숙청한다. 그러자 아틸라는 동로마를 떠나 서로마로 말발굽을 돌린다.

프로와 아마의 차이

크리사피우스는 아틸라의 콘스탄티노플 침공을

왜 시대의 변화로 읽지 못하고

아틸라 개인의 일탈로 해석했을까?

상황에 매몰된 자의 사고는 전후 1cm다.

세상의 모든 사건을 꼬리와 꼬리를 연결하는

바로 앞 꼬리와 뒤 대가리만 보고 판단한다.

한 발 물러나 그 사건이 위치하는

시대와 역사의 좌표를 찾으려 하지 않는다.

왜 그럴까?

몰라서가 아니다. 그것은 두려워서다.

현실에 익숙하고 편해서다.

다르게 본다는 것, 그래서 자신을 객관화한다는 것은

누구에게나 불편하다.

주변에서는 다 아는데 자신만 못 보는 경우가 있다.

시대의 흐름도 처지에 따라 보인다.

세상의 그릇 차이도 거기에서 갈린다.

당신의 사고는 전후 몇 cm인가?

최후의 로마인 아에티우스

아틸라의 서로마 원정의 빌미는 스캔들에서 시작된다. 어찌 서양사가 다 이렇게 시작하는지, 참. 세계 최초의 동서 전쟁, 트로이 전쟁도 트로이의 철딱서니 파리스 왕자의 스파르타 왕비 헬레네 납치사건, 아니 두 연인이 벌인 사랑의 도피 사건이 발단이었다. 어쩌면 동서고금 세상사가 다 따지고 보면 거기서 시작하는지도 모른다.

당시 서로마 황제인 발렌티니아누스 3세의 누이였던 호노리아는 시종과 눈이 맞아 임신을 하더니 심지어 그를 황제로 추대하려는 음모까지 꾸미다 들통이 나자 동로마에 유폐되었다. 그러나 그녀는 반성은커녕 복수심으로 불탔다. 그때 동로마를 위협하던 당대 최고의 권력자 아틸라가 눈에 들어왔다. 복수심에 눈이 멀었다.

호노리아는 자기 금반지를 아틸라에게 보내 청혼을 하면서 지참금으로 서로마 제국 영토의 반을 내건다. 복수에 눈이 먼 여자는 겁이 없다. 아니, 그녀는 '야만 족장' 아틸라를 얕보았다. '문명녀' 자신이라면 아틸라를 쉽게 유혹할 거라고 생각했다. 그의 무력으로 서로마를 위협하여 황제를 무력화시키면 자신이 다시 권력을 쥘 수 있을 거라고 계산했다. 아틸라도 서로마 영토의 절반이면 충분히 솔깃해서 움직일 것이라고.

그런데 사람을 잘못 골랐다. 아틸라로서는 그야말로 땡큐다. 부인이 하나둘도 아닌데. 동로마는 화들짝 놀라 호노리아를 서둘러 서로마로 돌려보낸다. 서로마도 호노리아가 약속한 지참금에 대해서는 분명히 선을 긋는다. 그러자 아틸라는 기다렸다는 듯 직접 지참금을 챙기겠다며 서로마로 향한다. 아틸라에게도 호노리아의 청혼은 명분일 뿐이다.

그렇게 서유럽은 다시 전쟁의 소용돌이 속으로 빨려 들어간다. 트러블 메이커 호노리아가 이번에는 제대로 사고를 쳤다. 안에서 새는 바가지는 바깥에서도 샌다지만, 안에서

샐 때는 수습이라도 가능하지 바깥에서 새면 대책이 없다. 동로마로부터 폭탄주를 돌려받은 서로마는 '난 아냐!'라고 항변할 뿐 아무런 대책이 없다.

아틸라는 동로마 때와 달리 당시 서로마의 수도였던 라벤나로 바로 향하지 않았다. 오늘날 서유럽 대륙을 훑을 생각으로 헝가리에서 출발하여 라인강을 건너 모젤강을 따라 독일, 프랑스를 가로지르며 천천히 서남진한다. 모젤강변을 낀 애꿎은 서로마의 주요 도시들은 훈족의 말발굽 아래 하나하나 초토화된다. 로마 시민들은 말로만 듣던 '훈족의 아틸라'가 이번에는 로마를 향해 내려오고 있다는 소식에 공포에 휩싸인다. 그들은 아틸라의 침공을 신의 징벌이라 여기며 하늘께 용서를 빌었다. 로마 시민으로서 할 수 있는 것이 그것뿐인지도 모른다.

그러나 서로마에는 아틸라가 동로마 제국을 침공했을 때와 확실히 다른 것이 하나 있었다. 동로마는 콘스탄티노플 성벽 하나만 바라봤지만, 서로마에는 최고 군사령관 아에티우스가 있었다. 무너져 내리는 서로마 제국의 마지막 희망,

아에티우스

'최후의 로마인'이라 불리는 아에티우스. 오늘날 프랑스 지역에서 갈리아 최고 군사령관으로 서로마 황실을 언제든 쥐락펴락할 가공할, 아니 유일한 무력을 지휘하고 있던 로마인 장군이었다.

그를 '최후의 로마인'이라고 역사가들이 일컫는 이유가 여럿 있지만, 무엇보다도 큰 것은 그가 가장 자랑스러운 로마인 카이사르를 닮았기 때문일 것이다. 아에티우스는 서로마 황제와 귀족들의 탐욕과 무능 그리고 방탕한 궁정 정치에 환멸을 느껴 몇 번이고 '루비콘강'을 건너려 했지만, '로마를 더 사랑했기에' 이민족들의 침공을 막겠다고 변방을 떠돌았다. 그는 또 '교양인'으로서 이민족들을 무력으로써만 제압하려 하지 않고, 종족 간의 경쟁과 세력 균형을 통해 정치로써 국경을 안정시켰다. 이 또한 카이사르스럽고, 로마인답지 않은가.

그러나 카이사르보다 덜 세련되고, 카이사르보다 한참 더 순수했다. 갈리아 지역 이민족들, 특히 당시 최대 세력이었던 서고트 왕과 친분이 돈독했지만, 카이사르처럼 그를 자

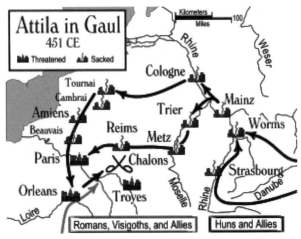

아틸라의 서로마 진군로

신의 정치적 야망에 이용하지 않았다. 언젠가 그 역시 로마로 진군해 황제에 오를 것이라고 심지어 그의 측근조차 기대했지만, 그는 끝내 '루비콘강'을 건너지 않았다. 어쩌면 시기와 모략에 찌든 로마보다 거칠지만 순수한 이민족에 더 어울렸는지 모른다. 실제로 그는 어린 시절 훈족 동네에 볼모로 끌려가 17년 동안 그들과 함께 지냈다. 그런 그가 이제 그 훈족과 일대 격전을 맞이하게 된 것이다.

프랑스 오를레앙을 포위하고 있던 아틸라는 아에티우스가 서고트 테오도리크 1세와 함께 진격해오자 카탈라우눔 평원으로 전선을 옮긴다. 제대로 붙자는 거다. 바로 이 평원에서 훈족의 아틸라와 서로마 제국의 아에티우스의 진검승부가 펼쳐진다. 이 전투를, 고대를 깨려는 이민족 영웅 아틸라와 고대를 지키려는 로마의 마지막 영웅 아에티우스가 시대를 걸고 벌인 한판승부라고 말할 수 있지 않을까 싶다. 역사는 이 승부를 카탈라우눔 전투로 기록한다.

사실 아틸라가 도나우강을 건넌 이후 제대로 된 전투는 한 번도 없었다. 아틸라의 일방적인 정복이고 훑기였다. 지금까지 혼족의 말발굽을 멈추게 할 제대로 된 저지선이 로마 에는 없었던 것이다.

시대를 건 승부, 카탈라우눔 전투

여기서는 이 전투에서 양 진영의 대형을 먼저 비교해보고, 전투의 전개를 살펴보도록 하자.

당시 서유럽에 흩어져 특정 지역을 차지하고 있던 게르만 족들은 각자 이해관계에 따라 서로마 진영과 아틸라 진영으로 갈라섰다. 가장 강력했던 서고트는 서로마 진영으로, 동고트는 아틸라 진영으로 나뉘었다. 전쟁은 훈족 대 서로 마였지만, 전투는 유럽의 모든 종족이 양 진영으로 편을 갈라 붙었다.

카탈라우눔 평원은 완만하게 경사진 곳으로 양 진영은 모두 경사가 높은 곳부터 낮은 곳까지 횡렬 대형을 짰다. 먼저 서로마는 경사가 높은 곳에 서고트족을 배치하고 낮은 곳에 아에티우스가 직접 서로마군을 이끌고 진영을 꾸렸

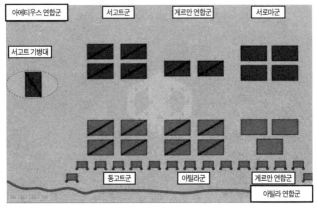

아틸라 연합군

※출처 : 위키백과

다. 즉, 주력군을 양익에 배치하고, 중앙에 전투력과 의지가 모호한 게르만 연합군을 배치했다. 중앙의 게르만 연합군이 버텨만 준다면, 양익의 주력이 양 측면으로 공격하여 적을 포위한다는 로마군의 정통 전술인 양익포위술을 따랐다.

반면 아틸라는 서로마 진영을 살핀 후 역시 경사가 높은 곳에 동고트를 배치해 서고트와 대치하게 하고, 자신은 훈족의 주력군을 이끌고 중앙에 위치해 서로마의 가장 취약한 중앙 공격을 노렸다. 그리고 경사가 낮은 곳에 훈족 진영으로 합류한 게르만 연합군을 배치했다. 아틸라의 전술은 지형상 상대적으로 유리한 경사 높은 곳에는 어느 진영에도 우위를 줄 수 없으므로 고트족 간의 대결로 고정시키고, 서로마의 약한 고리인 중앙을 훈족 특유의 기동력을 발휘해 돌파해서 위에서 아래로 서로마 대형을 일거에 무너뜨릴 생각이었다.

그렇게 전투가 시작되었다. 예상대로 아틸라는 대열에서 제일 먼저 치고 나와 서로마 진영의 중앙을 공격했다. 이어

고트족 간의 전투가 시작되었다. 엉뚱한 전쟁에 끌려 나온 고트족 간의 동족상잔, 그러나 더 치열했다. 그런데 아틸라의 훈족 주력군에 의해 서로마 진영의 중앙이 너무 쉽게 무너지자 서고트족은 당황하며 진영이 흔들리기 시작했다. 그 와중에 어이없게 테오도리크 1세가 전투 초반에 전사한다. 전쟁 전 아틸라의 주술사가 예언했다. '적장이 죽을 것'이라고. 그런데 "그 적장이 아에티우스가 아니라 테오도리크 1세였나?" 아틸라의 머리에 불길한 예감이 스친다.

서고트 대형이 밀리기 시작했다. 그때 테오도리크 1세의 아들이 이끄는 서고트의 기병대가 언덕 너머에서 나타나 동고트의 측면을 기습하자 다시 전선이 뜨거워진다. 한편 아틸라 진영의 우익을 담당하던 게르만 연합군은 애초에 전쟁할 의지가 없었다. 굳이 나서서 그것도 마주한 서로마 주력군과 맞부딪힐 이유가 없었다. 다른 전선과 달리 경사 낮은 지역의 양 진영은 대치만 할 뿐, 움직이지 않았다.

그러다 보니 전세가 이상한 모양새로 되어 갔다. 경사가 높은 곳은 서고트가 조금 밀리지만 대형이 유지되고, 중앙은 아틸라의 훈족이 쑥 치고 들어가 서로마 진영 안쪽까지 들어와 있으며, 경사가 낮은 곳은 최초 대형 그대로 대치하는 상태. 이거 뭐지? 자연스럽게 중앙에 위치한 아틸라의 훈족이 서로마 진영 안으로 들어와 포위된 형세가 아닌가. 아틸라 역시 뒤를 돌아보니 뭔가 싸하다. 그때 이를 눈치챈 아에티우스는 곧바로 훈족 주력군의 측면과 후면을 포위 공격하기 시작했다.

전투 초반에 아에티우스가 아닌 테오도리크 1세의 죽음에 불길했던 아틸라의 예감은 현실이 되었다. 서로마 진영으로 너무 깊이 들어온 훈족은 측면과 후면 공격을 받으면서 훈족 진영에서 분리되어 고립된다. 동고트족이 훈족을 지원하려 해도 서고트가 앞을 가로막고 있고, 게르만 연합군은 여전히 진군도 하지 않은 채 제자리를 지키고 있다.

이제 진영의 위치가 뒤바뀌면서 등을 보인 훈족은 도망가고, 서로마군과 서고트족은 추격하는 양상이 되었다. 어이가 없다. 밤이 깊어서야 아틸라는 가까스로 진영을 꾸린다. 그러나 많은 훈족 주력들은 진영에 합류하지 못하고 뿔뿔이 흩어져 도망다니고, 서로마군과 서고트족은 새벽까지 추적해서 살해한다. 서로마의 승勝.

이 전투는 어느 한 진영의 전술상 승리로 해석하기 좀 애매하다. 단일 대오가 아니라 양 진영 모두 연합군으로, 지휘 체계가 원활하지 못한 까닭이다. 그래서 아틸라의 전술상 실패라고 단정하기 어려운 것이다. 만일 훈족 진영의 게르만 연합군이 상대가 되지 못할지라도 서로마군과 교전이라도 벌였다면, 중앙을 치고 들어간 훈족이 역으로 서로마 주력군의 측면과 후미를 공격할 수 있었을 것이다.

결론적으로 카탈라우눔 전투는 조금 더 지형에 밝아 그것을 활용하고, 게르만족의 속성을 조금 더 알아 그것을 계산한 '로마인' 아에티우스의 유연성과 임기응변으로 결정되었다.

아에티우스는 카탈라우눔 평원의 경사가 완만하지만 높은 고지를 점령하는 것, 그것도 기병으로 점령할 경우 성패에 큰 영향을 미칠 것이라는 점을 활용했다. 그래서 서고트 기병을 언덕 너머로 돌아 고지를 점령해서 동고트 좌측을 공격하도록 기획했다. 실제로 밀어붙이던 동고트족은 서고트 기병이 출현하면서 뒤로 밀려났고, 중앙의 훈족과의 연결선이 끊겼으며, 서고트의 기병대가 다시 훈족의 후미를 공격하며 추격하는 것까지 지켜만 볼 수밖에 없었다.

또한 아에티우스는 양 진영 게르만 연합군의 속성과 전투력을 정확하게 계산했다. 서로마 진영에 합류한 연합군이 훈족의 공격을 받으면 어느 정도 버티고, 어느 정도 속도로 밀려날지를 예측했으며, 훈족 진영에 합류한 연합군은 어느 정도 위협만으로도 전투에 개입하지 못하게 묶어둘 수 있을지를 예측했다. 그는 이런 계산 속에 전투의 전개를 지켜봤다. 그리고 상황이 되어 즉각 훈족의 측면과 후미를 공격하여 성패를 결정지은 것이다. 갈리아 지역 최고 군사령관으로 게르만족의 속성을 이미 잘 알고 있었으며, 더욱이 17년간의 훈족 생활을 통해 훈족의 속성 또한 잘 알았기에 가능한 유연한 전술 구사, 이것이 성패를 갈랐다.

로마의 마지막 영웅, 아에티우스는 예상과 달리 아틸라의 포위를 먼저 푼다. 아버지 복수를 하려는 테오도리크 1세의 아들을 설득해 철수시키고 자신도 철수한다. 왜? 이에 대해 후세 역사가들의 분석이 다른데, 당시에도 이로 인해 아에티우스는 오해까지 받는다. 그리스의 살라미스 해전의 영웅 테미스토클레스도 페르시아 왕 크세르크세스의 퇴각 길을 열어주었다. 그래서 오해를 받았고, 그것이 빌미가 되어 도편추방(시민 투표를 통해 스스로 군주가 되려는 야심가를 가려내 나라 밖으로 추방하던 제도)되고 끝내 페르시아로 망명까지 해야 했다. 그러나 테미스토클레스는 살라미스의 좁은 해협에서는 페르시아를 이길 수 있으나 에게해까지 쫓다간 오히려 당할 수 있다는 판단 때문이었다.

제대로 된 선수끼리 벌이는 승부에서 승리는 승자의 행운이고 신의 은총일 뿐이다. 결코 승자의 능력이나 전력의 절대적 우위로 받아들여서는 안 된다. 행운과 은총이 다시 반복되지 않기 때문이다. 자칫 자만이 화를 불러올 수 있다. 그래서 테미스토클래스는 크세르크세스를 뒤쫓지 않았고, 아에티우스는 아틸라를 포위해 섬멸하려 하지 않았다. 그 다음 선택은 승리의 정치적 전리품을 확보하는 것이다.

그러면 아에티우스가 아틸라를 포위했던 족쇄를 스스로 풀면서 얻으려는 정치적 전리품은 무엇이었을까? 그가 족쇄를 푼 진짜 의도는 무엇이었을까? 당시 출몰하는 유럽의 강족들, 서고트, 동고트, 프랑크, 부르군트, 랑고바르드족 거기에 훈족까지. 그들 간의 세력 균형을 이룰 때 오히려 갈리아 지역이, 서로마 제국이 평화를 유지할 수 있다는 정치적 판단 때문이라는 주장이 있는데, 이에 동의한다. 지금 훈족을 지리멸렬할 정도로 궤멸하면 반드시 게르만족 중 어느 종족이 제2의 훈족으로 크게 부상하여 로마에 위협이 될 수 있다는 것이다. 훈족을 포함해 모든 종족을 고만고만한 세력으로 하향 평준화하고, 그들끼리 치고받고 싸우도록 하는 것이 서로마로서 최선이라는 판단이다. 현명하다.

그러나 일 년 뒤 아틸라가 다시 서로마 제국을 침공한다. 이로 인해 아에티우스가 이 전투에서 아틸라의 포위를 먼저 해제한 것이 다시 정치적 문제가 되었다. 그래서 후세 일부 역사가들도 그의 이 판단의 저의를 의심하기도 한다. 그러나 아에티우스의 판단 근거가 평소 그의 지론과 맥을 같이한다는 점에서 아틸라에 대한 그의 판단이 안이했다는 점은 인정할 수 있어도 그 저의까지 의심하는 것은 지나치게 정치적이다.

그러나 아틸라가 도나우강을 건너 서유럽에 발을 내디딘 이래 이 전투는 그에게 최초의 패배였다. 그의 머릿속에 '로마인 아에티우스'가 새겨진다. 일 년 동안 헝가리로 돌아가 호흡을 가다듬은 후 아틸라는 전과 전혀 다른 방식으로 다시 전쟁을 걸어온다. 그의 로마 재침공은 지난번과 달리 기습적으로 전 수도였던 오늘날 밀라노로 바로 치고 들어갔다. 갈리아를 지키는 아에티우스가 개입할 여지를 주지 않기 위해서다. 다시 아에티우스와 교전하고 싶지 않다. 오로지 무능력한 서로마의 위정자만 상대하고 싶었다. 그래서 순식간에 포위당한 밀라노. 결국 교황 레오 1세가 직접 나서 협상한 후에야 아틸라가 물러났다.

아틸라의 이 철수에도 뒷말이 많다. 당시 서로마에 전염병이 돌았기 때문이라는 주장부터 레오 1세가 막대한 재물을 넘겼다는 주장까지. 심지어 레오 1세가 신의 권능을 보여 아틸라가 겁을 먹었다는 전설까지 더해진다. 훗날 이 전설을 신봉하고 싶은 자들이 레오 1세를 성인으로 추앙하여 이 전설에 힘을 더하기도 했지만, 아틸라가 결코 빈손으로 순순히 물러나지 않았을 것이라는 데 모두가 동의한다. 레오 1세와 테이블 아래에서 거래가 있었을 것이다. 거기에 시간을 너무 끌면 갈리아 지역에 주둔하고 있는 아에티우스가 군을 움직일 수 있다는 아틸라의 판단도 한몫 더했을 것이다.

그렇게 태풍 '훈Hun'은 유럽을 휘몰아치고 지나갔다. 453년 봄 헝가리에 있는 목조 궁전에서 아틸라는 젊고 아름다운 새 아내를 맞은 첫날 밤 코피를 쏟으며 질식사한다. 부르군트족 새 신부에게 살해당했다는 주장도 있으나, 전후 사정으로 보아 복상사일 가능성이 더 크다. 어쨌든 허망하다. 그의 나이 48세. 부하들은 눈물 대신 피로써 왕의 죽음을 슬퍼했다.

다음 해 454년 서로마 황제는 아에티우스가 두려운 나머지 환관의 모략에 따라 황궁으로 알현하러 온 그를 칼로 벤다. 이 또한 허망하다. 그의 나이 59세. 아에티우스가 없는 로마는 다음 해에 북아프리카 반달왕국이 쳐들어와 탈탈 털

어간다. 아에티우스가 떠난 갈리아 지역 게르만족들도 이
제 서로마 제국의 담을 제집처럼 넘나들기 시작한다.

역사의 독백

"아에티우스,

아틸라처럼 조금 더 단순하고 카이사르처럼 조금 더 세련되었으면

로마의 역사는 조금 더 달라졌을 거야.

아에티우스,

조금 더 미안하고 조금 더 그리웠으면

로마의 역사가 조금 더 기억하지 않았을까?"

비겁한 시간의 권력자 ①, 리키메르

이제 천년 제국 서로마가 역사에서 사라지는 순간이다. 이미 그 속은 썩을 대로 썩어 누구의 손으로 문패를 뗄 것인지, 언제 문패를 뗄 것인지, 어떤 계기로 뗄 것인지만 남은 서로마 제국. 그러나 천년의 브랜드라 아직도 누리고 빼먹을 것이 남았는지 안팎의 도적들이 돌아가며 분탕질하면서 5세기 100년 동안 그 수명을 연장한다. 지금부터는 그 비겁한 시간의 권력자들을 한 명 한 명 소환할 차례다.

제일 먼저 등장하는 자가 리키메르다. 게르만족 출신의 서로마 장군. 게르만족의 한 일파인 수에비족 아버지와 서고트족 어머니 사이에서 태어난 게르만족인 데다 그리스도교에서 이단으로 몰린 아리우스파라는 이유로 황제에 오를 수 없었던 인물이다. 그래서 그는 실권을 장악하고 17년 동안 꼭두각시 황제를 내세워 뒤에서 권력을 좌지우지

했다. 그가 폐위시킨 서로마 제국의 황제만 4명이다. 아비투스, 마요리아누스, 세베루스, 안테미우스.

마지막 로마인 아에티우스의 부관 출신 아비투스는 아에티우스와 달리 루비콘강을 건너 황제에 올랐지만, 리키메르 반란군과 전투에 패하여 교수형을 당한다. 재위 1년 3개월. 리키메르와 함께 쿠데타를 일으켰던 마요리아누스는 반달족 정복에 실패하고 귀국하다가 배반한 리키메르의 기습을 받아 체포된 후 구타와 고문을 당하고 살해되어 시신이 강물에 던져진다. 재위 4년 4개월. 리키메르에 의해 황제에 올랐으나 동로마는 물론 반달왕국도 인정하지 않은, 그냥 두루두루 원만했던 세베루스도 결국 리키메르에 의해 독살당한다. 재위 3년 9개월. 나름 황제의 역할에 욕심을 내고 딸을 리키메르에게 바치면서 그와 정치적 야합도 꾀했던 안테미우스는 반달족의 요구로 새 황제를 옹립한 리키메르의 공격을 받아 패하여 거지로 변장해서 성당에 숨었다가 체포되어 참수당한다. 재위 5년 3개월.

역대 로마 황제들의 최후를 보면 자연사한 경우가 오히려

리키메르

드물다. 3세기 군인황제시대에는 재위 기간이 며칠에 불과한 황제도 있었다. 그러나 황제도 아닌 한 실권자에 의해 네 명의 황제가 줄줄이 살해당하고 폐위된 경우는 처음이다.

리키메르, 그는 애초 서로마 제국을 이끌 만한 감이 아니었다. 게르만족 한 일파를 추스를 부족장 정도에 적당한 인물이었다. 그의 전투력도, 정치적 그릇도 딱 그 수준이었다. 쿠데타를 일으켜 아비투스를 몰아낼 때는 마요리아누스의 무력을 빌렸다. 마요리아누스를 죽일 때는 근위대만 데리고 귀국하는 그를 기습하여 살해했다. 새로 황제로 옹립한 세베루스를 주변국 모두가 인정하지 않아도 그의 꼭두각시로서 역할에 충실하는 한 황제로 인정했지만, 동로마와 따로 라인을 만들려고 하자 바로 독살했다. 동로마가 반달왕국 원정에 실패하자 반달왕국에 붙어 그들의 요구대로 멀쩡한 황제 안테미우스를 참수했다.

그에게 서로마 제국의 부활은 언감생심, 제국의 위엄과 황제의 권위를 복원하는 데는 애시당초 관심이 없었다. 오로지 자신의 권력을 유지하는 데만 몰두했다. 그런 그가 서로마의 실권자로 17년 동안 권력을 누릴 수 있었던 것은 틈새를 기막히게 파고드는 그의 뛰어난 정치 감각과 생존본능 때문만은 아니다. 서로마에 그런 기회주의자를 처단할 제대로 된 세력이 없었기 때문이고, 제국의 권력과 권위에 대해 방관하고 심지어 무시하며, 뒤돌아 모두 제 살길을 찾으려 한 당시 로마 주류의 비겁함 때문이었다.

그러니 서로마 제국의 국경선을 넘어 게르만족들이 하나둘 침범해 그 땅에 나라를 세워도, 그래서 마침내 서로마 제국의 관할권이 이제 이탈리아반도 안으로 쪼그라들어도, 그나마 반도 남부는 북아프리카를 돌아서 지중해를 건너온 반달족의 사냥터가 되어도, 심지어 그 반달족의 압박에 못 이겨 멀쩡한 황제를 폐위하고 새로운 황제를 옹립하더라도 로마인 누구 하나 분개하여 나서지 않았다. 이제 제 손톱만 한 권력만이라도 지킬 수 있다면 모두 다 만족했다.

그래서 리키메르의 역사적 패륜은 네 명의 황제를 폐위하고 살해한 것이 아니다. 서로마 제국의 영토를 이탈리아반도로 축소시킨 것도 아니다. 리키메르가 천년왕국 서로마 제국이 멸망하는 데 기여한 가장 큰 해악은 바로 개나 소나 서로마 제국의 황실을 넘볼 수 있고, 좌지우지할 수 있고, 심지어 자신의 권력욕을 위해서는 서로마 제국의 권위 따윈 관심도 없는, 그래서 누구든 언제든 서로마 제국의 문패를 떼도 죄책감이 들지 않는, 하등 이상하지 않을 현실을, 역사적 흐름을 만든 장본인이라는 점이다.

비겁한 시간의 권력자 ②, 오레스테스

바로 그 '개'가 오레스테스고, 그 '소'가 오도아케르였다. 리키메르는 안테미우스를 참수한 지 40일 만에 그 역시 급사한다. 피를 토하고 죽었다는데, 독살당하지 않았나 싶다. 그렇게 갈 것을. 칼로 흥한 자 칼로 망하듯, 음모로 권력을 쥔 자 역시 음모로 최후를 맞는 법이다.

그 뒤를 이은 실권자가 하필 오레스테스다. 그는 아틸라에게 자신의 딸을 바치며 충성을 맹세하여 그의 심복이 된 자였다. 즉 '로마 약탈자'의 장인이자 충복이었던 자다. 그런 그가 아틸라가 급사하자 로마로 돌아와 당시 실권자였던 리키메르의 참모로 자리한다. 놀라운 변신이다. 또 리키메르가 급사하자 이번에는 공식 후계자인 군도발트를 몰아내고 권력을 탈취한다. 리키메르는 그나마 무력이라도 있었지만, 오레스테스는 오직 잔머리 하나로 최고의 권력에 올랐다.

그래서 그는 스스로 황제에 오르지 않았다. 리키메르와 달리 로마인이라 황제에 오를 수도 있었으나, 그가 아틸라에 부역했다는 차가운 여론을 고려했다. 그래도 주변의 눈치를 보는 걸까? 아니다! 그는 다른 선택을 한다. 열다섯 살 어린 아들을 황제로 대신 내세웠다. 엎치나 메치나 문제는 그의 손에 권력이 있냐 없냐 뿐이다. 그 아들이 바로 서로마 제국 마지막 황제인 로물루스 아우구스툴루스다.

로물루스는 기원전 753년 로마왕국을 세운 전설 속 인물의 이름으로 그의 원래 이름이었다. 아우구스툴루스는 황제가 되면서 붙인 이름인데, '어린 아우구스투스'라는 뜻이다. 바로 기원전 27년 로마제국을 세운 아우구스투스에서 따왔다. 로마인 아버지 오레스테스는 황제에 오르지 못한 한을 풀 듯 아들의 황제 이름에 로마의 역사를 다 담기라도 하듯 두 영웅의 이름을 끌어왔다.

이제 그는 이민족 훈족의 왕, 아틸라의 장인도 아니고, 이민족 권력자 리키메르의 충복도 아닌, 서로마 황제의 아버

오레스테스

지, 대원군으로 최종 변신했다. 놀랍지 않은가.

그러나 딱 거기까지였다. 아에티우스 이후 서로마 정규군은 유명무실했고, 게르만족을 용병으로 고용해서 국경을 지키고 있었다. 그런데 그 용병들이 서로마 황실의 틈새를 눈여겨보기 시작했다. 오레스테스가 아틸라의 부역자 출신으로 로마에서 정치적 뿌리를 내리지 못하고, 거기에 그의 근위대는 리키메르의 부하들인데, 오레스테스가 리키메르와 그의 조카 군도발트를 몰아내고 권력을 쥔 자라 그에 대한 충성심이 없다는 것까지 눈치챈 것이다. 그래서 게르만족 용병들은 오레스테스에게 이탈리아 영토의 1/3을 내놓으라는 터무니없는 요구를 들이댔다.

오레스테스는 아틸라의 군대도, 리키메르의 사병도 없었다. 그런데도 게르만족 용병들의 이 요구를 단칼에 거부하고 바로 맞짱을 뜬다. 게르만족 용병들의 요구 자체가 무리라고 하지만, 이에 바로 맞짱을 뜨려면 그만한 뒷배가 있어야 한다. 뭐지? 무슨 잔머리지? 역사가들도 그의 이 결정을 도저히 이해하지 못한다. 무슨 배짱이지? 그의 전력을 둘

러보았을 때 배짱과는 인연이 없다. 사실 잔머리와 배짱은 어울리지도 않는다. 결론적으로 잔머리의 오판이지 않았나 싶다. 그의 잔머리 속을 들여다보자.

'유럽 대륙을 가로지르는 서로마의 국경을 따라 뿔뿔이 흩어진 게르만족 용병들이 불만이 있다 하더라도 바로 단합하여 행동으로 옮기기는 힘들 거야. 더욱이 그들을 하나로 묶어 세울 리더가 당장 마땅찮아. 리더가 누가 되어도 로마까지 쳐들어온다는 것은 쉽게 상상하기 어려워. 로마가 비록 훈족과 반달족에 의해 탈탈 털리기는 했지만, 인구 수백만 명의 국제도시야. 쉽게 농락당할 로마가 아니지. 더욱이 동로마 황제의 승인을 아직 못 받았지만, 이민족 그것도 국경수비대 용병들이 로마로 난입하여 황제를 죽이고, 도시를 약탈하는 전례를 만들도록 내버려 두지는 않을 거야. 아무렴, 동로마 국경을 지키는 게르만족 용병들도 지켜볼 테니까.'

착각이었다. 사실 잔머리는 단순하다. 현실을 단순화하는 데서 힘이 나온다. 그러다 보니 현실에서 놓치는 것이 많다. 변화가 오는 시기에는 더욱 위험하다. 잔머리는 기본적으로 과거의 데이터에서 단순화하기 때문이다. 그래서 잔머리는 한두 번 소나기를 피할 수는 있지만, 태풍이 불어닥치면 속수무책이다.

그러나 현실은 태풍처럼 진행되었다. 게르만족 용병 국경 수비대 지휘관들은 오레스테스가 그들의 요구를 일언지하에 거절하자 바로 비상회의를 소집해 그 자리에서 오도아케르 장군을 리더로 추대한다. 오도아케르도 기다렸다는 듯 선봉에 나서 바로 로마로 진군한다. 쿠데타다. 오레스테스의 잔머리에 따르면 절대 일어나지 않을 것이라는 쿠데타가 일어났고, 로마로 진군하지 못할 것이라는 확신을 비웃듯 주저 없이 로마로 쳐들어왔다. 수백만 국제도시 로마는 어처구니없이 농락당한다. 전투 의지가 없는 친위대는 저항하지 않았고, 도망가던 오레스테스는 체포되어 그 자리에서 죽임을 당한다. 그리고 쿠데타군은 황제가 있는 라벤나로 무혈 입성한다. 상황 끝. 이토록 무력한 잔머리의 최후가 허무하기까지 하다.

비겁한 시간의 권력자 ③, 오도아케르

그런데 여기서부터 상황이 좀 애매하게 돌아간다. 바로 오도아케르의 처신 때문이다. 그는 오레스테스와 달리 로마인이 아니었다. 그래서 황제에 오를 수 없었다. 당연히 리키메르처럼 로물루스 아우구스툴루스를 폐위하고 꼭두각시 황제를 새로 옹립할 것이라고 다들 예상했다. 그런데 그는 로물루스를 살해하지 않고 스스로 퇴위하도록 조건을 제시했고, 겁에 질린 어린 로물루스는 기꺼이 수용하고 스스로 황제 자리를 떠났다. 문제는 그 후 그의 처신이다.

오도아케르는 스스로 황제에 오르지 않았을뿐더러, 새로운 황제를 내세우지도 않았다. 어, 그러면 어떻게 되는 거지? 서로마 제국에 황제가 사라졌다. 제국사를 보면 가끔 황제가 궐석인 적이 있었다. 가까이는 리키메르가 실권자로 있을 때 동로마의 승인을 얻지 못해 2년 넘게 황제 자리가 빈

적이 있었다. 지금은 상황이 다르다. 동로마의 승인 문제가
아니라 서로마 황제를 옹립조차 하지 않고 있다.

이때 오도아케르가 엉뚱하게도 동로마 황제 제노에게 새로
운 황제를 요청하는 것이 아니라 자신의 실권 승인을 요청
한다. 그러자 제노도 총독에 해당하는 파트리키우스라는
호칭을 하사하며 그를 이탈리아 국왕으로 임명한다. 제노
또한 오도아케르의 실권을 인정하는 차원에서 적당한 지위
를 부여한 것으로 보인다. 그 이상 이하도 아니었다.

그러나 그 결과 이탈리아 반도에는 서로마 제국의 황제는
사라지고, 파트리키우스가 통치하는 이탈리아 왕국, 오도
아케르 왕국만 남게 되었다. 오도아케르 역시 리키메르와
오레스테스와 마찬가지로 서로마 제국의 실권자가 된 것뿐
인데, 그때와 달리 서로마 제국의 문패가 슬그머니 사라진
것이다.

이 역사적 사실을 오도아케르도 의식하지 못했을 것이다.
그는 단지 스스로 황제에 오를 수 없었기에 선택한 대안쯤

오도아케르

으로 생각했을 것이다. 그가 리키메르 휘하에 있으면서 꼭 두각시 황제를 옹립하고 그 뒤에서 실권을 행사하는 일이 얼마나 구차하고 골치 아픈지 옆에서 지켜보았기 때문이다. 그래서 그런 형식과 절차를 포기했을 뿐이다.

그런데 그가 내린 이 실용적이고 편의적인 선택이 천년왕국 서로마 제국이 역사에서 사라지는 역사적 사건이 될 것이라고는 생각하지 못했을 것이다. 그리고 자신의 이름이 그로부터 2천 년 동안 '서로마 제국을 멸망시킨 게르만족 용병대장 오도아케르'로 회자할 것이라고는 꿈에서도 상상하지 못했을 것이다. 사실 자신은 리키메르와 오레스테스가 한 짓을 보면서 약간 그 통치 방식만 바꾸었을 뿐인데.

『로마인 이야기』를 쓴 시오노 나나미도 "로마제국은 이렇게 멸망했다. 야만족이라도 쳐들어와서 치열한 공방전이라도 벌인 끝에 장렬하게 무너진 게 아니다. 활활 타오르는 불길도 없고, 처절한 아비규환도 없고, 그래서 아무도 알아차리지 못하는 사이에 사라져 버렸다."고 허망해했다.

시오노 나나미 『로마인 이야기』

사실 오도아케르는 복잡한 사람이 아니다. 여러 수를 계산하거나 앞뒤를 치밀하게 계획하는 그런 인물이 아니다. 사실 그가 선택한 이탈리아 왕위조차 과분한 인물이다. 그는 쿠데타에 동참한 게르만족 지휘관들에게 그들의 요구대로 이탈리아 북부를 떼주었다. 로마 귀족들에게 로마의 정치를 그대로 맡겼다. 그리고 자신은 라벤나에 들어가 왕 노릇만 즐겼다. 그렇다고 동로마 황제에게 붙어 서로마 황제 자리를 인정받으려는 정치도 하지 않았다. 동로마 황제가 폐위된 서로마 황제를 여전히 황제 대우하는 듯한 태도를 취해도 그저 그러려니 했다.

그런 오도아케르를 게르만족 지휘관들도, 로마 귀족들도 싫진 않았다. 그렇다고 그를 리더로 인정하는 것은 아니었다. 말하자면 겉으로 무시하진 않으나, 속으로는 안중에도 없는 그런 왕이었다. 그러나 동로마 황제 제노는 그런 오도아케르가 왠지 믿을 수 없는, 찜찜한 인간이었다. 그가 로마인이 아니라서가 아니다. 사실 오도아케르는 서로마 황제자리를 요구하지 않았고, 이탈리아 총독 자리도 그의 윤허를 요청했고, 그가 하사한 파트리키우스라는 봉직을 감사히 받았다. 그럼에도 제노는 오도아케르가 미덥지 않았다.

'얘, 뭐지?' 제노는 그 속을 알 수가 없었다. 오도아케르는 로마 귀족들을 적극적으로 품으려 하지 않았다. 로마의 정치에 관심이 없었다. '얘는 로마인이 되기를 거부하는 거야?' 제국의 권위와 세력을 넓히려는 어떠한 노력도 기울이지 않았다. '파트리키우스가 되었으면 로마제국에 대한 충성심을 보여야 하지 않나?' 거기다 다른 게르만족들이 수시로 국경 지역을 집적대도 게르만족 용병들에게 맡겨둔 채 아는지 모르는지 아니면 모르는 척하는지 수수방관했다. '얘 속셈이 뭐지?' 동로마 황제 제노는 어쨌든 께름칙했다.

사실 우리 주변에도 이런 류의 인간이 있다. 딱히 자신의 욕심이나 속셈을 잘 드러내지 않는다. 마치 아예 그런 것이 없는 것처럼. 또 없을 수도 있다. 그러면서도 항상 권력 근처에 얼쩡거린다. 사안이 생기면 정치적 의사나 태도를 피력하지만, 언뜻 보면 세상 공평하고 사심이 없는 듯한, 하나 마나 한 소리, 누구와도 척지지 않을 입바른 소리만 일삼는다. 그래서 주변에서 그의 위상을 인정하면서도 그의 존재를 무시하곤 한다. 권력의 냄새에 민감한 자들은 그를 께름칙하게 느낀다. 왜냐하면 권력에 틈이 보이면 어김없이 슬그머니 숟가락을 들고 나타나기 때문이다. 마치 마음에 없는 듯 권력을 노린다.

그리고 권력을 쥔 후에는 아무 일도 하지 않는다. 왜 권력에 오르려고 했는지 이해할 수 없는 듯한 일상만 즐긴다. 중재자처럼 한발 물러나 황희 정승 같은 심판만 일삼는다. 한마디로 재수 없는 놈이다. 주변에 그런 놈이 꼭 있다. 공적도 없이 높은 자리에 올라가고, 그 자리에 가서는 실적 없이 버티는, 선하게 생긴 놈.

어쨌든 동로마 황제 제노는 오도아케르가 불편하다. 그렇다고 직접 나서서 제거하기에는 명분도 없고 또 민망하다. 그래서 동고트 왕에게 그 일을 맡긴다. 동고트 왕의 입장에서는 '와이 낫Why not?'이다. 더욱이 동로마 황제의 묵인, 아니 적극 권유 하에 그에게 이탈리아 반도가 수중에 떨어지는 일인데.

들뜬 마음에 알프스를 직접 넘어 이탈리아로 바로 진군한다. 오도아케르의 전력은 용병 연합군 성격이다. 국경에 소군주처럼 지역을 차지한 게르만족 지휘관들이 다시 똘똘 뭉쳐 외세에 대응하려면 명분, 아니 충분한 보상이 주어져야 한다. 그런 것이 없다면 남의 집 불구경이고, 내 집에 불길이 안 넘어오면 그만이다. 처음부터 오도아케르는 동고트와 맞설 상대가 못 되었다. 그는 라벤나로 도망가 수성전을 펼친다. 3년 동안.

동고트 왕은 점점 답답해진다. 그때 서고트가 슬그머니 이탈리아 북서 지방으로 숟가락을 들고 들어온다. 이러다간 이탈리아를 반씩 나눠 가질 판이다. 동고트 왕으로서는 최악의 시나리오다. 난공불락의 라벤나 공성전에 더 이상 시간을 허비할 수 없다. 동고트 왕은 공동 통치 조건을 내건 라벤나 주교의 중재를 서둘러 받아들인다.

오도아케르는 공동 대표이사든 각자 대표이사든 자기 자리만 지킬 수 있다면 감사할 인물이다. 그렇게 질질 끌던 3년 전쟁이 끝나고 오도아케르도 이제 다시 엉덩이를 붙이는가 싶었다. 그러나 공동 통치를 축하하는 연회 자리에서 동고트 왕은 망설임 없이 재수 없다는 듯이 오도아케르의 목을 날려버린다. 그리고 서로마 제국을 증발한 이탈리아 왕국, 오도아케르 왕국을 접수한다.

비겁한 시간의 권력자들

웬만하면 길이 보인다.
문제는 선택이다.

그 길을 걸으면
곳곳에 진흙탕이고 가시밭길이라 해도
어쩔 수 없이
그 모욕과 고초를 감수하는 이가 있는가 하면
뱀눈을 뜨고 주단이 깔린 샛길을 찾아가
부귀영화를 누리는 이도 있다.

그 선택이 다른 만큼
그 이름도 달리 전해진다.
그게 공평한데,
시간이 꽤 걸리는 게 어쩌면 유혹이다.

리키메르, 오레스테스 그리고 오도아케르도 알았을 뿐.

그 유혹을 대하는 태도가 달라

지금의 역사가 만들어졌다.

당신이 지금 찾고 있는 길은?

천년왕국 로마에 대한 역사의식 따위는 1도 없는 이민족 용병대장 오도아케르에게 로마제국의 문패는 한낱 길거리에 나뒹구는 나무쪼가리에 불과했을지 모른다. 동로마 황제 제노는 오도아케르의 의뭉한 태도가 그저 찝찝해서 이민족을 끌어들여 이탈리아 왕국을 정리했을 뿐이다. 동고트는 동로마의 묵인하에 공터를 접수했을 뿐이다. 단지 장화처럼 길쭉 뭉퉁한 이탈리아반도를.

그러나 거기에는 로마의 영웅들과 로마 시민들의 천년의 땀과 피와 혼이 깃든 곳이었다. 오도아케르의 목이 날아감과 동시에 서로마 제국은 이제 어디에서도 그 흔적을 찾아볼 수 없게 되었다.

서양의 고대사는 그렇게 끝난다. 시오노 나나미의 말처럼 '시시껄렁하게'.

모난 놈이 정 맞는다고요?

혹 여러분 주변에

술에 술 탄 듯, 물에 물 탄 듯
자신을 내세우지 않고
누구와도 척지지 않을 입바른 소리만 하여
사람 좋다는 소리를 듣는
그런 사람 있나요?

특별히 공적도 없이 승승장구하고,
높은 자리에 올라서도
실적 없이 오래 버티는

항상 선한 얼굴을 하고 다니는
그런 사람 있나요?

그런데 세상을 바꾸는 사람은

모난 놈이 아니던가요?

프로와 아마의 차이

초판 1쇄 발행	2023년 11월 24일
지은이	최봉수
펴낸이	신민식
펴낸곳	가디언
출판등록	제2010-000113호
CD	김안빈
마케팅	이수정
디자인	미래출판기획
주소	서울시 마포구 토정로 222 한국출판콘텐츠센터 401호
전화	02-332-4103
팩스	02-332-4111
이메일	gadian@gadianbooks.com
홈페이지	www.sirubooks.com
종이	월드페이퍼(주)
인쇄·제본	(주)상지사P&B
ISBN	979-11-6778-106-2(04900)